PAR LE TROUVÈRE DU XIXe SIÈCLE

Jacques BORNET

THÉATRE DE L'AVENIR

Plus de Droits d'Auteur, plus de Directeurs, plus de Spéculateurs,
plus d'Empoisonneurs.

> Le Théâtre doit être une école où se forment les hommes, et non un Bazar où s'exploitent la sottise et l'ignorance, les passions et les vices.

LA NOUVELLE ASPASIE

DRAME EN UN ACTE, EN VERS

précédé d'une

PRÉFACE

Sur le Théâtre Classique réformé et sur le Théâtre de l'Avenir

Prix : 25 centimes

EN VENTE CHEZ TOUS LES LIBRAIRES

1872

PAR LE TROUVÈRE DU XIXᵉ SIÈCLE

Jacques BORNET

THÉATRE DE L'AVENIR

Plus de Droits d'Auteur, plus de Directeurs, plus de Spéculateurs, plus d'Empoisonneurs.

> Le Théâtre doit être une école où se forment les hommes, et non un Bazar où s'exploitent la sottise et l'ignorance, les passions et les vices.

LA NOUVELLE ASPASIE

DRAME EN UN ACTE, EN VERS

précédé d'une

PRÉFACE

Sur le Théâtre Classique réformé et sur le Théâtre de l'Avenir

Prix : 25 centimes

EN VENTE CHEZ TOUS LES LIBRAIRES

1872

Je soussigné déclare renoncer à tous mes droits d'auteur envers les troupes dramatiques françaises et étrangères qui joueront cette pièce et envers tous les directeurs de Revues et de Journaux qui la reproduiront.

JACQUES BORNET.

Bordeaux, 1er janvier 1872.

THÉATRE CLASSIQUE RÉFORME

LETTRE-PRÉFACE

*A Monsieur le Directeur du Thédtre-Français
à Paris.*

La France pour se régénérer a besoin de toutes ses forces, de toutes ses lumières. La première source où elle doit puiser, c'est le Théâtre classique. Il y a là des trésors d'enseignement et de grandeur qui suffiraient pour refaire la conscience et retremper l'âme de dix peuples.

L'abandon de ce Théâtre fut un des premiers signes de notre décadence. Privée de ce flambeau, la France se jeta dans les ténébres du drame moderne, du drame de Boulevard, qui devait précipiter sa chute.

Malheureusement, le Théâtre Classique, en raison de nos transformations sociales, portait en lui la cause de son abandon. Elle existait dans la constitution même de ses piéces.

En vain les trois mille ans d'études, de travaux des anciens, avaient été rajeunis, épurés, enrichis par le génie de Corneille, de Molière, de Racine. Enfermés dans le cercle de fer des régles d'Aristote, ils furent obligés, pour remplir leurs cinq actes, d'y introduire des scènes parasites, des éléments étrangers à l'action, qui devaient, en affaiblissant le charme de l'œuvre, compromettre sa valeur.

Là était le mal. Mais qui oserait y porter le remède ? qui oserait toucher à ces monuments ? porter la main sur ces génies ? L'entreprise était audacieuse, la tâche difficile ; on pouvait tomber sous le fardeau. Après dix ans d'hésitation, de tremblement, mon amour de l'art, du progrès l'emporta ; je me mis à l'œuvre.

Mon premier soin fut d'enlever toutes les longueurs, toutes les faiblesses, toutes les scènes inutiles, des pièces classiques, mais sans leur faire perdre un beau vers, une grande pensée, un trait de génie ; et de rejoindre ensuite les parties détachées, d'en faire, pour ainsi dire, les soudures avec leurs propres vers. Là, était le plus grand obstacle : je l'ai vaincu. Il est telles pièces qui ne renferment pas dix mots de ma main : *Le Cid* par exemple.

Après avoir rendu aux œuvres de nos maîtres, la brièveté et la rapidité qui, seules, peuvent leur rendre la vie, il fallait les mettre à la portée de toutes les intelligences, de toutes les bourses ; c'est ce que j'ai fait.

Comme dans mon *Théâtre de l'Avenir*, j'ai limité au nombre de six les personnages de toutes les pièces, quelquefois moins, jamais plus. De sorte qu'une troupe de six artistes peut avec ce répertoire parcourir le monde, et répandre dans les masses, les richesses de la pensée de tous les siècles, dont le peuple a toujours été déshérité.

N'ayant pas de droits d'auteur à payer, cette troupe pourra fixer ainsi le prix des places : Un franc les premières, 50 cent. les secondes, 25 cent. les troisièmes. En composant leur spectacle d'une tragédie, d'un drame et d'une comédie, les six artistes auront partout une salle comble et pourront, chaque soir, se partager une recette de six à huit cent francs. Un avantage plus grand encore pour eux, c'est que n'ayant dans chaque pièce qu'un rôle de cent à trois cents lignes, ils pourront faire de leurs personnages une étude plus approfondie et atteindre à une interprétation presque parfaite.

Les pièces classiques réformées sont aujourd'hui au nombre de *Douze* qui sont : *Cinna*, 940 vers, — *Tartufe*, 920, — *Britannicus*, 828, — *Le Misanthrope*, 764, — *La Mort de Pompée*, 952, — *Le Menteur*, 830, — *Rodogune*, 910, — *Les Horaces*, 744, — *La Mort de César*, 518, — *Le Cid*, 722, — *Mahomet*, 364, — *Le Joueur*, 800.

Douze autres pièces seront bientôt achevées. Joignez-y mes douze drames du Théâtre de l'Avenir, en tête desquels j'ai renoncé à tous mes droits d'auteur, et vous avez un répertoire de trente six pièces, qui sera, avant dix ans, triplé par la génération nouvelle.

C'est maintenant à vous, Monsieur, d'examiner avec MM. vos Artistes, dans quelle limite, vous pouvez m'aider dans mon œuvre de réforme. Voyez-les ; voyez aussi M. le Directeur du Conservatoire et décidez si vous pouvez prendre l'initiative de l'entreprise, c'est à dire lancer la première troupe, qui sera bientôt suivie d'un grand nombre d'autres.

Et ce jour là, une des plus utiles, des plus grandes réformes du 19e siècle sera accomplie.

Dans l'attente de votre plus prompte réponse, je vous prie, Monsieur, de croire à tous mes respects,

JACQUES BORNET.

Issoire, 23 Juin 1871.

Comédie Française.— Paris, le 22 août 1871.

MONSIEUR,

J'ai l'honneur de vous informer que le Comité d'administration du Théâtre-Français, dans sa séance du mercredi 16 de ce mois, a pris connaissance du rapport fait par la Commission d'examen, au sujet du travail de réduction que vous avez entrepris sur *Cinna, Tartufe, Britannicus, La Mort de César,* etc.

Quelle que soit, à un certain point de vue, la valeur de ce travail, la Comédie-Française pense qu'il est de son devoir de respecter dans leur intégrité les chefs-d'œuvre qui ont fait et qui feront toujours sa gloire. Elle ne saurait, en conséquence, donner suite à une tentative, que le public d'ailleurs désapprouverait.

Je tiens les manuscrits à votre disposition.

Veuillez agréer, Monsieur, l'assurance de ma considération très distinguée.

Le secrétaire de l'administration,

VERTEUIL.

MONSIEUR LE DIRECTEUR,

Votre lettre du 22 août me confirme dans cette opinion, que la Comédie-Française, ne saurait, avec son administration, mettre le progrès au-dessus de la tradition.

Son premier devoir est d'éclairer le peuple. Ce qu'il condamnera, ce n'est pas ma tentative, mais la persévérance qu'on met à le dépouiller de son bien.

Laissez-moi vous le dire, Monsieur, vous entrez dans une voie mauvaise : celle de vos devanciers, et vous serez, comme eux, funeste à l'art, si vous perséverez à la suivre.

Je vous ai adressé, depuis six mois, quatre Drames nouveaux, qui sont : *Helvidie*, *Philippe II*, *Le Travail*, *La Nouvelle Aspasie*.

Dans le 1er, je montre un peuple chassant l'étranger ; dans le 2e je prouve qu'un roi est presque toujours un fou, doublé d'un assassin ; dans le 3e, je fais la glorification du Travail ; dans le 4e, je flétris les conspirateurs à gages et les prétendants éternels, ces fléaux des peuples.

En raison de la palpitante actualité de ces quatre drames, je vous en demandais le plus prompt examen possible. Et pourtant depuis six mois, j'attends encore de vous le premier mot les concernant.

C'est là, Monsieur, un acte que le public appréciera. Veuillez, en attendant, joindre ces quatre Drames aux manuscrits des classiques, et me les envoyer par le chemin de fer, Petite Rue du Colisée, 15, à Bordeaux, (Gironde).

Vous obligerez votre serviteur,

JACQUES BORNET.

20 Décembre 1871.

THÉATRE DE L'AVENIR

PRÉFACE

Comme le vieux monde, le vieux Théâtre touche à sa fin. Au monde nouveau, il faut un art nouveau.

Le Théâtre de l'Avenir, en s'inspirant des idées nouvelles, en tenant compte de la révolution qui s'accomplit dans les esprits et les âmes, peut, par son influence directe, immédiate, profonde, régénérer l'humanité.

A ceux que la croyance à l'immortalité de l'âme ne peut plus conduire au bien, il faut qu'il montre l'immortalité par l'œuvre ; l'œuvre planant sur le monde qu'elle remplit du souffle et du souvenir de son auteur. Il faut, enfin, qu'il fasse à l'homme, de l'estime, de la vénération de ses semblables, une foi, un dogme.

A ceux que l'œil de Dieu ne peut plus arrêter sur la pente du crime, il faut qu'il montre l'œil de l'humanité. Il faut qu'il montre le coupable repoussé, écrasé sous le poids de la réprobation universelle.

Voilà le but ; voici les moyens de l'atteindre :

En raison de la rapidité de nos rapports et, partant, de notre existence, nous avons besoin d'apprendre vite. Le secret de l'art nouveau consiste donc à prendre une idée philosophique, sociale, démocratique, humanitaire ; à la condenser, à la dramatiser : à faire entrer dans l'âme de l'auditoire, par l'émotion, la moralité, et à fermer cette âme par un dénouement tellement imprévu

qu'il y laisse un souvenir éternel. En un mot, les œuvres dramatiques doivent être de petits miroirs reflètant
des mondes.

C'est aux écrivains de la génération nouvelle qu'appar-
tient cette entreprise. — C'est à eux de s'emparer de
la scène, d'en chasser les spéculateurs et d'en faire dispa-
raître à jamais leurs œuvres informes, fruit d'une Dra-
maturgie bâtarde et funeste au peuple, dont elle atro-
phie le sens moral, fausse la dignité, étouffe la conscience.

Ils atteindront ce but, en suivant mon exemple, en
livrant gratuitement leurs œuvres à la scène. Par l'a-
bandon de leurs droits d'auteur ils obtiendront bientôt l'abolition du droit des pauvres. Le Théâtre pouvant alors offrir aux masses presque gratuitement le
droit d'entrée, exercera sur elles son influence morali-
satrice.

Et maintenant, c'est à vous jeunes gens, qui rêvez
les succès de la scène, c'est à vous que je livre mon
œuvre. Prenez-là, étudiez-là, identifiez-vous avec elle,
pénétrez-vous bien de la pensée qui lui a donné le
jour; marchez dans la voie que je vous trace, au but
que je vous montre, et vous triompherez de tous les
obstacles.

Unissez-vous, associez-vous; sachez vous soustraire
à l'influence de Directions souvent incapables, et
presque toujours funestes aux vrais talents. Faites, en
un mot, passer le flot démocratique dans cette espèce
d'écurie d'Augias qu'on appelle le théâtre moderne.

La génération nouvelle est mûre pour la grande
croisade du progrès et de la civilisation. Bientôt vien-
dront à vous les jeunes auteurs. Beaucoup manqueront
d'expérience, mais tous auront la foi, qui donne, avec
la vie, le secret de toutes choses.

Les hommes en réputation, aimant l'art, ne tarderont pas à les imiter. Ils comprendront que les temps sont venus de dégager la scène des questions d'intérêt et de l'amener à sa véritable mission. Ils comprendront surtout que l'historien, l'économiste, le philosophe, n'ayant pour rétribution que la vente de leur livre, le Dramaturge ne doit pas, avec le privilége d'une double publicité, jouir d'un double bénéfice.

Le Théâtre de l'Avenir se compose aujourd'hui de douze Drames, de 500 à 600 vers, de trois à six personnages.

—

Aux Editeurs.

Le Théâtre Classique étant une propriété nationale, je déclare m'engager à en livrer *gratuitement* les manuscrits ainsi que ceux du *Théâtre de l'Avenir* à celui des Editeurs qui voudra en faire une édition populaire; c'est-à-dire, renfermer *en deux volumes à un franc* les vingt quatre pièces déjà faites.

Jacques **BORNET**.

Petite rue du Colisée. 15, à Bordeaux (Gironde).

30 décembre 1871.

—

Aux Hommes de l'Avenir.

Dans l'intérêt de l'art, de la civilisation, je fais appel à toute la presse libérale pour donner à mon entreprise le plus de publicité possible.

J. B.

LA NOUVELLE ASPASIE

DRAME EN 1 ACTE, EN VERS

PERSONNAGES

LÉA
RAOUL
LE PRINCE
LE DUC
LE GÉNÉRAL
UN DOMESTIQUE

Le théâtre représente un petit salon, richement décoré.
Au lever du rideau, Léa est assise sur un sopha, un livre à la main.

SCÈNE PREMIÈRE

LÉA, LE DUC.

LÉA (*saluant le Duc, qui entre.*)

Duc...

LE DUC (*s'arrêtant et contemplant.*)

De grâce, gardez ce souriant visage
Qui semble pour mes vœux du plus heureux présage.

LÉA (*souriant, finement.*)

Vos projets vont bientôt réussir, je le vois.

LE DUC.

Ah ! conservez aussi cette adorable voix ;
Vous m'encouragez à faire ma demande.

LÉA.

De quoi sagit-il donc ?

LE DUC.

D'une faveur bien grande.

LÉA.

Voyons un peu...

LE DUC.

Je suis, Léa, très amoureux.

LÉA.

Vraiment ?

LE DUC.

L'hiver promet d'être fort rigoureux.
Et je me hâte, avant que l'automne finisse,
De venir vous offrir un beau voyage à Nice.

LÉA.

Merci.

LE DUC.

Vous refusez ?

LÉA.

Oui.

LE DUC.

Pour quelle raison ?

LÉA.

C'est là que j'ai passé ma dernière saison.

LE DUC.

Eh bien ! allons ailleurs.

LÉA.

Je ne puis, cette année :
Au repos absolu, je me suis condamnée.

LE DUC.

Je crois, sans grand effort, sous ce charmant détour,
Entrevoir d'un absent le bienheureux retour.

LÉA.

De votre offre, je suis, moi, beaucoup plus surprise :
Je croyais à son but votre grande entreprise.

LE DUC.

Il faut, pour réussir, savoir choisir son temps.

LÉA.

Et l'exécution ?..

LE DUC.

Est remise au printemps.
Nous sommes, cette fois, certains de notre affaire.

LÉA.

Voilà déjà six mois, je crois, qu'on la diffère ?..

LE DUC.

Le Prince en a gagné de nombreux partisans.

LÉA.

Vous pourriez dire, Duc, de nombreux courtisans,
Trouvant l'occasion beaucoup moins opportune,
A servir ses projets qu'à manger sa fortune.

LE DUC.

Vous traitez ses amis avec sévérité.

LÉA.

Je ne constate ici, Duc, que la vérité ;
Et vous savez trop bien les hommes et les choses,
Pour prendre au sérieux la plus folle des causes.

LE DUC.

Mais cette cause est sage et juste au plus haut point,
Et promet un succès...

LÉA.

Auquel on ne croit point.

LE DUC.

Nous avons cent raisons, Madame, pour y croire ;
Et la Noblesse y met, ainsi que moi, sa gloire,

LÉA.

La Noblesse n'est pas toute la nation.

LE DUC.

C'en est une assez grande et forte fraction
Pour vaincre le parti que nous allons combattre.

LÉA.

De vos prétentions vous aurez à rabattre.

LE DUC

L'Armée et le Clergé nous prêtent leur appui.

LÉA.

Le Clergé, jadis fort, sait très-bien, aujourd'hui,
Qu'il a beaucoup perdu de sa puissance occulte,
Et qu'il doit désormais s'enfermer dans son culte,
Et renoncer aux plans, par trop ambitieux,
De posséder la terre, en attendant les Cieux.
L'Armée aussi comprend maintenant, tout entière,
Qu'elle n'a qu'un devoir : Défendre la frontière ;
Et, gardant son esprit droit, juste, indépendant,
Si l'on vient l'appeler au nom d'un prétendant,
D'être sourde à la voix du chef qui la commande.

LE DUC.

Nous aurions, dans ce cas, une force aussi grande.

LÉA.

Le peuple ?

LE DUC.

Qui toujours a conservé sa foi,
Et qui serait heureux de mourir pour son roi.

LÉA.

Quelque éclatant que soit le nom dont on le nomme,
Un peuple ne meurt plus aujourd'hui pour un homme.

LE DUC.

Si pourtant il tient seul son bonheur dans ses mains !..

LÉA.

Vous vous occupez moins du bonheur des humains
Que de la crainte, Duc, de perdre un privilége.

LE DUC.

On n'y saurait toucher sans faire un sacrilége.

LÉA.

Ainsi que ceux du trône, ils sont de droit divin.

LE DUC.

Mais, Madame, on voudrait le contester en vain.

LÉA.

Le soleil répand-il un rayon de lumière
De plus sur le château que sur l'humble chaumière ?
Et la terre ouvre-t-elle avec moins de bonheur
Son sein à l'artisan qu'au riche et grand seigneur ?
La nature, au réveil, avec parcimonie,
Mesure-t-elle aux uns sa divine harmonie ?
Non, non ; tous ont à tout droit à la même part.
A qui vécut sans elle, on la prit au départ...
Et le peuple comprend que pour garder la sienne,
Il ne doit pas rentrer dans son erreur ancienne,
Et remettre son sort et ses jours dans la main
De qui disposera de tout son sang demain,
D'autant plus librement qu'avant de le connaitre,
Il en a plus versé pour se donner un maître.

LE DUC.

Votre voix a trouvé ce matin des accents,
Madame, d'un lyrisme et d'un charme puissants.

LÉA.

Ma voix n'est aujourd'hui qu'un écho solitaire
D'une voix dont demain retentira la terre.
Les peuples renaissants et pleins de puberté
Ont jeté dans les airs, le cri de liberté :
Tout ce qui rampait, hier, aujourd'hui, se relève,
Bravant la tyrannie et défiant le glaive ;
Et bien déterminé, pour la dernière fois,
A se soustraire au joug si funeste des rois.

LE DUC.

Chaque peuple, en son cœur, le préfère à tout autre ;
Et je venais ici pour me soumettre au vôtre.
Mais cette heure n'est pas favorable à mes vœux :
Peut-être un peu plus tard serai-je plus heureux.
Quant aux conditions, vous les ferez vous-même ;
Je me soumets, d'avance, à tout, car je vous aime.

(Il salue et sort)

SCÈNE DEUXIÈME.

LÉA, LE PRINCE.

LÉA (*surprise, voyant le Prince entrer par une petite porte.*)
Ah ! vous étiez là, Prince ?

LE PRINCE.

Oui.

LÉA.

Vous étiez venu
Pour connaître l'amie ?... Et vous avez connu
Votre ami... Car il est votre ami.. très-intime,
Le Duc. Vous l'honorez de la plus haute estime,
Il en a chaque jour quelque gage évident.

D'abord, vous l'avez fait votre cher confident.
Il jouit, près de vous, des faveurs les plus grandes.
C'est le dispensateur de vos nobles offrandes.
Il use d'un pouvoir, je crois, très étendu,
A cet égard ?.. Enfin, vous l'avez entendu.
Vous voulez tout connaître. Eh bien, j'en suis charmée.
Nous allons, maintenant, voir l'ancien chef d'armée,
Ce fameux général, tout couvert de lauriers...
Dont la voix et le geste enfantaient des guerriers.
Ensuite, nous verrons votre grand diplomate :
L'ex-Ministre, Raoul : ce tribun, qui se flatte
D'être le plus adroit, même le plus savant
Dans l'art de diriger une foule en plein vent.
Et lorsque vous aurez bien mesuré leur taille,
Vous verrez qu'aucun d'eux n'est fait pour la bataille,
Et qu'il est insensé d'avoir ainsi voulu
Reprendre avec leur aide un trône vermoulu,
Et qui, s'il retombait sous votre main princière,
N'en serait avant peu que plus vite en poussière.

LE PRINCE.

Dieu, pour l'éternité, l'a construit de sa main.

LÉA.

Ces éternités-là n'ont plus de lendemain.
L'existence d'un trône à présent, va dépendre
Du plus ou moins de sang qu'il aura fait répandre.

LE PRINCE.

Exceptez de ce cas celui de mes aïeux :
S'ils en ont répandu, c'est par l'ordre des Cieux.

LÉA.

Comme les criminels, les rois les plus coupables
Rendent de leurs forfaits les destins responsables.

LE PRINCE.

Mes ancêtres sont ceux qu'on accuse le moins.

LÉA

De tous leurs actes, Prince, avez-vous des témoins ?
Avez-vous fait compter le nombre de victimes
Que coûtent leurs faux droits, prétendus légitimes ?
Le monde en sait le chiffre... et par transmission,
De génération en génération
Il est monté si haut qu'il a rempli de haine,
D'épouvante et d'horreur, la conscience humaine.
Après s'être égorgés, sur leur sombre chemin,
Les peuples ont pleuré, se sont donné la main,
Et dans la fin des rois vu la fin de leurs peines.
Les rois épouvantés serrent, triplent leurs chaines,
Et jettent chaque jour quelque nouveau martyr,
Dans le torrent sans fond qui va les engloutir.
Prince, pour éviter leur fatale sentence,
Ne les imitez pas dans leur impénitence.
Au nom des intérêts par chacun d'eux trahis,
Ne venez pas troubler encor votre pays,
Déjà si malheureux, à tant de haine en proie.
En votre amour pour lui, comment veut-on qu'il croie,
Lorsque l'air qu'il respire est encore imprégné
Du sang versé par ceux qui pour vous ont régné ;
Et qu'en leur nom, chargé d'une éternelle haine,
Il vous voit chercher, Prince, à renouer sa chaine ?

LE PRINCE.

Pourrais-je, sans braver la volonté des Cieux,
Madame, renoncer aux droits de mes aïeux.

LÉA

Un droit qui veut encor qu'un seul homme dispose
De tout un peuple ainsi qu'il ferait de sa chose !

Voilà donc votre amour, pour ce pays si cher !
Ah ! que vous êtes bien tous de la même chair !...
Et comme l'on sent bien qu'où le pouvoir commence,
Doivent naître avec lui le crime et la démence !

LE PRINCE.

Ce langage est nouveau, pour moi, j'en fais l'aveu.

LÉA

Sur la terre d'exil, vous ne formiez qu'un vœu :
Revoir votre pays, et par reconnaissance,
Rétablir avec tous sa gloire et sa puissance...
A peine avez-vous vu, dans son malheur si beau,
Ce pays dont les rois voudraient faire un tombeau,
Que vous vous préparez à le remettre en cendre.

LE PRINCE

Qui, moi, Madame ?

LÉA

       Vous... et peut-être à descendre,
S'il le faut, pour le vaincre, à demander l'appui
Des rois coalisés dès longtemps contre lui,
Et qui l'entraineraient avec vous dans l'abime !

LE PRINCE

Me supposeriez-vous capable d'un tel crime ?

LÉA

Je suppose tout, Prince ; après le premier pas,
Sur ce chemin fatal, on ne s'arrête pas.

LE PRINCE

Si j'aspire au pouvoir, c'est pour l'aider à vaincre,
Et non pour l'enchaîner.

LÉA

       Il est, pour l'en convaincre,
Prince, un bien plus loyal et bien plus sûr moyen :

Servez-le franchement en simple Citoyen.
Portez vos millions dans les lieux où naguère
Les rois ont fait passer le fléau de la guerre ;
Et sur ces champs couverts de dévastations,
Appelez près de vous les populations ;
Donnez-leur librement le travail, le bien-être ;
Soyez leur père, enfin, au lieu d'être leur maître.
Vous transmettrez, alors, à la Postérité,
Au lieu d'un nom maudit, Prince, un nom respecté.
N'ayant besoin de rien et besoin de personne
Je donne mes avis sans peur qu'on les soupçonne.
J'ai parcouru l'Europe, et j'ai reçu cent fois,
Les honneurs empressés des princes et des rois :
Plusieurs m'ont même offert, en vain, le diadème.
Comme moi, renoncez à ce pouvoir suprême
Que vous voulez saisir par pure vanité,
Et marchez noblement avec l'humanité.
Portez votre humble pierre, à l'édifice immense
Renversé par les rois, et qu'elle recommence,
Pour l'élever si haut que son sommet altier
Puisse servir un jour de phare au monde entier.
Prince, vous êtes bon et juste ; la nature
Vous a doté d'un sens très droit, d'une âme pure,
Et vous m'avez montré souvent à l'étranger,
Des sentiments qui n'ont pas sitôt pu changer.
Rappelez-les donc, Prince, et tâchez de les suivre,
Si dans la paix, l'honneur, vous voulez encor vivre.
J'entends le Général... il vient à mon secours,
Et vous convaincra mieux que mon petit discours.

(Lui ouvrant la petite porte par laquelle il est entré.)

Rentrez donc, pour goûter les charmes de son style.

SCÈNE TROISIÈME

LÉA, LE GÉNÉRAL, LE DOMESTIQUE

LE GÉNÉRAL

(entrant et repoussant le domestique qui veut le précéder et l'annoncer)

A quoi bon m'annoncer. ?..

LE DOMESTIQUE

Monsieur...

LE GÉNÉRAL *(le forçant à se retirer)*

C'est inutile,
Vous dis-je, sacrebleu ; je suis de la maison..
(Saluant Léa).
Je force la consigne...

LÉA *(souriant)*

Et vous avez raison.

LE GÉNÉRAL

Comment va la plus belle et la plus adorable
Des femmes de son siècle ?

LÉA

Et le plus redoutable
Des hommes de son temps ?

LE GÉNÉRAL

A merveille, merci ;
Parlons de vous, d'abord...

LÉA

Mais à merveille aussi,
Général.

LE GÉNÉRAL

Enchanté ; votre santé m'est chère.

LÉA

Peut-on savoir comment va votre grande affaire ?

LE GÉNÉRAL

Elle marche, et promet des succès éclatants.
Nous entrerons, je crois, en campagne au printemps.
En attendant le jour, je travaille l'armée :
Déjà dans tous les rangs une ligue est formée
Par d'invisibles fils que seul je fais mouvoir,
Je saurai la tenir bientôt en mon pouvoir.
Mon courage connu, mon grand art de la guerre ;
Mes exploits si nombreux, et tant cités naguère
Me donnent sur les chefs, Madame, un ascendant·
Qui peut-être n'a pas encor de précédent.

LÉA

Vraiment !. le croyez-vous ?..

LE GÉNÉRAL

        Si je le crois, Madame !
Quel pouvoir comparer à celui de ma lame,
Quand dans ma main de fer, elle flamboie au vent,
Et pousse par milliers les hommes en avant,
Et quand, à mon signal, par la brèche qui s'ouvre,
Volent comme l'éclair ces hommes qu'elle couvre.
Qui bientôt, en mon nom, franchissant les remparts,
Font mordre la poussière aux ennemis épars...

LÉA

Ne les précédant pas toujours dans la carrière,
Vous les voyez parfois revenir en arrière ?

LE GÉNÉRAL

J'ai recours aux moyens des plus grands généraux.
Et bientôt mes fuyards deviennent des héros.
« Soldats ! leur dis-je, alors, le monde vous contemple
« Et la gloire, demain, vous ouvrira son temple
« Si vous savez mourir !. » Ces mots brûlant leurs cœurs,
Quand ils fuyaient vaincus les ramènent vainqueurs.

LÉA

Quand ils ne restent pas sur le champ de bataille...

LE GÉNÉRAL

Il faut faire la part du plomb, de la mitraille.

LÉA

Ne vaudrait-il pas mieux qu'ils fussent supprimés ?

LE GÉNÉRAL

Et que deviendraient donc les peuples opprimés,
Si nous allions manquer d'armes pour les défendre ?

LÉA

Dites les enchainer, les piller, les pourfendre.

LE GÉNÉRAL

Madame...

LÉA

Je ne puis pas prendre au sérieux
Des gens mûrs, éclairés, traitant de glorieux,
Tous les actes cruels et sanglants de la guerre
Que condamne, aujourd'hui, l'esprit le plus vulgaire ;
Des gens se prétendant destinés à servir
Les peuples malheureux qu'ils viennent asservir.

LE GÉNÉRAL

Prenez-vous en. Madame, à la nature humaine.

LÉA

Je m'en prends aux semeurs de discorde, de haine,
Qui poussent, dans leur but, les peuples à s'armer
Pour s'égorger entre eux, quand ils devraient s'aimer.

LE GÉNÉRAL

Dieu qui veut que chacun ici bas ait son rôle,
Madame, à l'orateur a donné la parole,
La plume à l'écrivain et l'épée au soldat,
Pour nous prouver que l'homme est né pour le combat.

LÉA

Pour le combat qu'il doit livrer au fanatisme,
A la haine, à l'erreur, soutiens du despotisme,
Et qui fait préférer, au peuple qu'il rend fort,
La gloire de la vie à celle de la mort.

LE GÉNÉRAL

Madame, pardonnez.. si grands que soient les charmes
Pour moi, d'un entretien sur l'art brillant des armes,
Je voudrais bien pouvoir un instant en changer,
En faveur d'un sujet qui leur est étranger.

LÉA

Pardon ; vous le savez : mon astre m'a fait naître
Avec la passion de vouloir tout connaître.
Dites-moi, Général, quel doit être le prix
De ce grand Coup-d'Etat, par le Prince entrepris.

LE GÉNÉRAL

La Circonstance étant tout exceptionnelle,
Le Chiffre aussi doit l'être au moins tout autant qu'elle

LÉA

C'est à dire, monter ?

LE GÉNÉRAL

A deux cent millions.

LÉA

Comment ?

LE GÉNÉRAL

Ah ! Ce serait moins cher, si nous avions
Pour prétendant un homme ayant quelque prestige ;
Mais le nôtre, Madame, a séché sur sa tige.
On ne le connaît pas ; ce n'est pas un guerrier,
Un héros, un martyr, même un aventurier.
Ses titres au succès comptant par leur absence,
Il faut les remplacer par une autre puissance.

LÉA

Celle de l'or ?

LE GÉNÉRAL

Ayant de nombreux concurrents ,
Nous devons nous placer parmi les plus offrants,
Et ne pas trop compter les sommes à répandre,
Puisque du nombre seul le succès doit dépendre :
Il nous faut recourir aux gens de tous métiers.

LÉA

Quels sont les plus coûteux ?.

LE GÉNÉRAL

Ce sont les gazetiers.
C'est à n'y pas tenir... ces gens-là n'ont pas d'âme.
Leurs plumes, aujourd'hui, sont hors de prix, Madame.
Dès qu'il fait quelque bruit, le plus petit brouillon.
Ne va que par cent mille, ou demi-million.

LÉA

Pourquoi vous en servir ?

LE GÉNÉRAL

J'en suis honteux moi-même.
Mais la réclame en tout joue un rôle suprême.

Le Public affichant un mépris très-profond
Pour celui qui s'en sert et pour ceux qui la font,
Suit toujours en secret les avis qu'elle donne,
Rit de qui la repousse et soudain l'abandonne.
Dans tous les rangs, d'ailleurs, on est fort exigeant :
Nul dans notre parti, n'entre qu'à prix d'argent.
Et chacun, au gâteau, veut mordre avant la fête.

LÉA

Et si vous échouez ?..

LE GÉNÉRAL

Nous risquons notre tête..

LÉA

Et le prince, son or.

LE GÉNÉRAL

C'est vrai ; mais en retour,
Si nous sommes vainqueurs, il devient, en un jour,
Maître de tout un peuple... et reprend à sa guise,
Sur ce peuple ou l'État, au quintuple sa mise,
Qu'il met en sûreté, pour que ses descendants
Puissent-être à leur tour, de nouveaux prétendants.

LÉA

J'espère qu'il a trop le respect de sa race
Pour vouloir lui laisser par un crime, sa trace ;
Qu'il abandonnera ce qu'il a compromis.

LE GÉNÉRAL

Cela ne se peut pas, Madame, il a promis,
Il tiendra, même au prix de sa fortune entière.

(après un silence, changeant de ton.)

Nous avons, maintenant, épuisé la matière ;
Et si vous vouliez bien m'écouter un instant..

LÉA (*lisant une carte que le domestique vient de lui apporter.*)

Pardon... j'ai, là, quelqu'un, Général, qui m'attend..

LE GÉNÉRAL

Et quel est ce quelqu'un ?

LÉA

C'est une connaissance
D'autrefois.

LE GÉNÉRAL

Qui revient ?

LÉA

Après dix ans d'absence.

LE GÉNÉRAL

Votre premier amour ?

LÉA

Vous avez deviné.

LE GÉNÉRAL

Qui va faire mourir le mien comme il est né,

LÉA

Rassurez-vous.

LE GÉNÉRAL

Pardon... le premier qui s'empare
D'un cœur, garde ses droits.

LÉA

Un monde nous sépare...

LE GÉNÉRAL

Un monde qu'on franchit toujours bien aisément.

LÉA (*lui ouvrant une petite porte.*)

Je veux vous détromper... entrez ici...

LE GÉNÉRAL.

Comment ?

Madame, vous voulez...

LÉA

Vous faire tout entendre.

LE DOMESTIQUE (*annonçant.*)

Monsieur Raoul...

LE GÉNÉRAL (*avec surprise.*)

Raoul ?...

LÉA (*le faisant entrer et fermant sur lui la porte.*)

Ne faites pas attendre.

<h2 align="center">SCÈNE QUATRIÈME</h2>

LÉA, RAOUL

RAOUL *entrant* (*voix émue.*)

Merci, Léa, d'avoir compris mon repentir,
Ou plutôt mes remords...

LÉA

Ne faites pas mentir

Votre passé, Monsieur. ni votre conscience.
Trois fois vous m'avez fait demander audience ;
Dans quel but ?

RAOUL

D'obtenir mon pardon.. et ta main.

LÉA (*mouvement.*)

Vous, Monsieur ?

RAOUL

Moi, Léa, qui veut faire, demain,
De toi, la plus heureuse épouse, et la plus digne.

LÉA

C'est me faire un honneur, Monsieur, vraiment insigne.
Tiendrez-vous la promesse aussi fidèlement
Que vous avez tenu votre premier serment ?

RAOUL

Je reconnais la faute et j'accepte le blâme ;
Mais pouvais-je comprendre, alors, ta grandeur d'âme ?

LÉA

Vous compreniez du moins ce que devait avoir
D'odieux, votre oubli de l'honneur, du devoir ?
Ancien homme d'Etat, votre père, avant l'âge,
Brisé par le travail, et des jours pleins d'orage,
Vivait depuis dix ans, loin du monde, isolé,
Et par son médecin, seul, aimé, consolé.
C'était mon père : un homme éclairé, noble, austère ;
Le plus juste qui fut peut-être sur la terre.
J'étais son seul enfant : il avait fait de moi
Sa famille, sa gloire et son culte, et sa foi.
Jeune, il m'avait appris, avec un soin extrême,
Les sciences, les arts, les langues, les lois, même.
Et tout ce qu'à quinze ans, je n'avais pas appris,
Je l'avais deviné, rêvé, senti, compris.
C'est alors que, déjà célèbre en sa carrière,
Vous revintes, après cinq ans, voir votre père.
Vous n'aviez pas atteint la fin du premier jour
Que déjà vous m'aviez parlé de votre amour.
Un mois plus tard, mes pleurs apprenaient à mon père
Le tort que j'avais eu de vous croire sincère.
Le vôtre en fut instruit, et voulut qu'un hymen

Consacrât vos serments... mais dès le lendemain,
Lorsque mon cœur allait renaître à l'espérance,
Vous fuyez... ne laissant pour calmer ma souffrance
Qu'une lettre hypocrite, et qu'un perfide adieu.

RAOUL

Je venais de passer cinq ans dans un milieu
Funeste, où la vertu semblait imaginaire,
Où tromper une femme était chose ordinaire;
Où l'honneur avait nom succès, habileté.
Mon esprit pur encor fut d'abord révolté
Des principes pervers de l'art diplomatique;
Mais bientôt, comme tous, je les mis en pratique.
Mon nom et ma fortune, aidant l'ambition,
Fondèrent promptement ma réputation.
Et chaque jours, alors, amena sa conquête.
Quand notre union vint, je perdis la tête...
Et je partis sans voir que j'allais échanger,
Un bonheur éternel contre un tout passager.
Cette excuse n'est pas, je le sais, légitime.

LÉA

Voyons celle, à présent, de votre second crime.
Mon père, après ma chute, en proie au désespoir,
Quitta votre demeure et partit sans me voir.
J'en sortis à mon tour, de remords poursuivie.
Voulant par le travail remonter à la vie,
J'allai dans une ville où, grâce à mon savoir,
Après bien des efforts, je finis par avoir
Un emploi; l'on m'admit près d'une jeune fille
Pour l'instruire. J'étais à peine en sa famille
Que vous venez m'y voir. Ce jour même, irrité,
De mon profond mépris, justement mérité,
Vous répandez le bruit de ma faute passée,
Et je suis aussitôt honteusement chassée.

Perdue encor par vous, je luttai de nouveau,
Espérant remonter à mon premier niveau.
Mais partout repoussée, à la misère en proie,
Folle je me jetai dans la fatale voie,
Où mon cœur me laissa, par sa haine abrité,
Ramasser ma fortune et ma célébrité

RAOUL

Ne pouvant du mépris supporter la pensée
J'ai, par cette action lâche, infâme, insensée,
Léa, cru te contraindre à revenir à moi.

LÉA

Le noble adorateur, et bien digne de foi,
Qui du haut de son ciel précipite son ange,
Pour l'aller ramasser ensuite dans la fange !…
Quand vous pouviez avoir une femme d'honneur,
Offrant pour l'avenir des gages de bonheur ;
Quand vous pouviez donner à vos fils une mère
Qui les eût fait aimer, vénérer sur la terre,
Vous la faites couvrir des hontes du chemin,
Et vous venez après lui demander sa main !
Laissez-moi, pour l'honneur de la raison humaine,
Supposer que la vôtre a cessé d'être saine.

RAOUL

Non, j'agis sciemment… au creuset du malheur
Ton âme en s'épurant a puisé sa grandeur.

LÉA

Les honneurs que m'ont faits les princes de la terre
Ont pour vous du passé changé le caractère.

RAOUL

Quelque énorme que soit l'erreur de ce passé
Ton élévation en a tout effacé.

LÉA

Dans l'abime sans fond d'où nulle ne remonte,
L'éclat des diamants fait l'éclat de la honte.

RAOUL

La honte n'a jamais marqué d'un droit d'airain
Le front où le génie habite en souverain.

LÉA

La mienne pour jamais demeure ineffaçable ;
Et du mal que j'ai fait, je vous rends responsable.
Je n'en ai nul remords, nul regret, nul souci.
En votre souvenir j'ai frappé sans merci,
Tous ceux qui comme vous ne semblent devoir vivre
Que pour briser les cœurs que la vertu leur livre.
Tous ces aiglons du mal, tous ces fléaux humains.
Qu'on trouve en tous les rangs, et sur tous les chemins.
Passant au milieu d'eux comme passe la flamme,
J'ai brisé, consumé leurs sens, leur cœur, leur âme
Enfin j'ai devasté, ruiné, corrompu,
Et fait pendant dix ans, tout le mal que j'ai pu.
J'ai marqué d'un malheur chaque jour de ma vie ;
Et je ne m'arrêtai qu'étant bien assouvie.
Et quand j'eus de mon cœur rassemblé les lambeaux
Encore palpitants... comme aux jours les plus beaux.
Je me repris d'amour pour la famille humaine :
Ce n'est que pour vous seul qu'a survécu ma haine.
Et lorsque je vous vois déshonoré, perdu
De dettes ; repoussé de tous, et descendu
Au dernier des degrés de la dernière sphère,
Et conspirant au nom d'un prince, pour le faire
Remonter sur un trône à jamais écroulé ;
Quand sous vos pieds enfin, vous avez tout foulé,
Et que sans supposer même me faire injure,

Vous venez, là, m'offrir votre main de parjure,
Je sens combien j'avais le droit de vous haïr.

RAOUL

Je te l'ai dit, le jour où j'ai pu te trahïr,
J'ai fait un acte infâme et lâchement impie ,
Mais que fatalement depuis dix ans j'expie.
Ainsi que l'insensé qui brise dans sa main
Le seul flambeau qu'il a pour guide en son chemin,
De stupide bourreau, devenant ma victime,
Aussitôt je roulai jusqu'au fond de l'abîme,
Où j'ai laissé l'honneur, le courage et la foi.
Mais je puis remonter au sommet avec toi,
Et me purifier de ma tache passée.

LÉA

Acceptant ma fortune au ruisseau ramassée.

RAOUL (mouvement).

Ah ! prends garde, Léa, tu dois l'avoir compris :
Je puis subir ta haine et non pas ton mépris.
Je viens d'atteindre à peine au milieu de la vie :
C'est l'heure où l'homme marche en avant ou dévie.
J'hésite et cherche encor quel sera le chemin
Que je dois éviter ou reprendre demain.
Mais de quelque façon que mon passé se nomme
Ne détruis pas en moi ce qui reste de l'homme :
De lâche, je pourrais devenir criminel...

LÉA

Dans les hommes en proie au remords éternel,
En fut-il jamais un qui voulut dans son crime,
Le poignard à la main, épouser sa victime !..
Avant que d'enchaîner ma vie à votre sort
J'accepterais cent fois la plus sanglante mort !..

RAOUL

(*Tirant à demi un poignard. Voix concentrée, menaçante.*)

Ne brise pas, Léa, le lien qui m'arrête,
L'ombre de cette mort plane sur notre tête...

LÉA (*se croisant les bras sur la poitrine et allant à lui.*)

Assassine-moi donc pour la seconde fois!...

SCÈNE CINQUIÈME

Les Mêmes, LE DUC puis LE GÉNÉRAL et le PRINCE

LE DUC (*entrant et se plaçant entre eux.*)

Raoul!..

LE GÉNÉRAL (*se présentant.*)

Un meurtrier!...

RAOUL.

Que sommes-nous tous trois?
Vous, Duc? Vous, Général? Et-moi, l'ex-Excellence?
(*Voyant entrer le Prince.*)
Et ce Prince, sinon le meurtre en permanence?
N'avons-nous pas dix fois chacun dans nos complots
Fait pour notre intérêt, couler le sang à flots?
Nous, par le plomb, le fer mis dans la main des autres.
Lui, par l'or assassin qu'il a mis dans les nôtres?
N'avons-nous pas poussé les partis à forger
Les armes dont ils vont, pour nous, s'entr'égorger?
Meurtriers souterains, lâches bourreaux des hommes,
Fléaux des nations, voilà ce que nous sommes...
Conspirateurs gagés, prétendants éternels,
Dans l'ombre préparant nos projets criminels;

Au nom de droits menteurs, par de fausses maximes,
Nous poussons à la mort nos crédules victimes ;
Et, calmes, souriants, pétrissons de nos mains,
A des trônes sanglants des marche-pieds humains
Qui bientôt, sont gravis par leurs Majestés saintes
A la voix du Canon pour étouffer les plaintes !..
Au dernier des degrés si je suis descendu,
Ce sont ces hommes là, Léa, qui m'ont perdu.
Et maintenant adieu, pardonne à qui te venge ;
Je t'ai pris ton honneur, prends ma vie en échange.

(Il se frappe, fait un tour sur lui-même)
(Tombe et meurt — Léa reste impassible)
(Les autres personnages sont terrifiés.)

LE PRINCE

Tout est fini, Messieurs, entre nous désormais·
Aux trônes à ce prix, je renonce à jamais.

(Il sort.)

(LA TOILE TOMBE.)

JACQUES BORNET.

Bordeaux. — Imp. Aug. BORD, rue Porte-Dijeaux, 91.

9 782013 504683